Bio

MW00979351

Vedettes de chez nous

À mon neveu Christopher Beausoleil, en hommage
à son engagement exceptionnel et soutenu
dans la lutte contre la fibrose kystique ¨
— M.T.

Crédits photographiques

Couverture (dans le sens des aiguilles d'une montre à partir d'en haut à gauche) :
CP/Maclean's/Phill Snel, CP/Jonathan Hayward, CP/AP/Marty Lederhandler,
CP/Action Press, CP/Paul Chiasson
Pages 2, 3, 6, 7, 10, 11 : CP/Tom Hanson, CP/Jonathan Hayward, CP/Todd Korol,
CP/Tom Hanson, CP/AP/M. Spencer Green, CP/Frank Gunn
Page 5 : Gracieuseté du centre de villégiature Deerhurst, à Huntsville, Ontario
Page 8 : Gracieuseté du Centre Shania Twain; photo du Centre de Chris Ivey
Page 12 : Gracieuseté d'Alberta Filmworks Inc.
Pages 13, 15, 17, 18, 19 : CP/Maclean's/Phill Snel, CP/Calgary Herald/Jenelle Schneider,
CP/Maclean's/Phill Snel, CP/Maclean's/Phill Snel, CP/Tom Hanson
Page 16 : (à partir de la gauche, dans le sens des aiguilles d'une montre) Bill Borgwardt;
gracieuseté de Parallel Design; gracieuseté de Tomali Pictures Ltd;
gracieuseté de Parallel Design
Pages 20, 21, 23, 24 (gauche et droite), 27 : CP/AP/Kim D. Johnson, CP/Action Press,
CP/Toronto Star/Jim Rankin, CP/AP/Chris Pizzello, CP/AP/Damian Dovarganes,
CP/Toronto Star/Moira Welsh
Page 22 : Gracieuseté de The Second City; photo de Rick Alexander
Pages 28, 29, 30, 31, 33, 34, 35 : CP/AP/ Damian Dovarganes, CP/AP/Marty Lederhandler,
CP/AP, CP/AP/John Cetrino, CP/AP/Tina Fineberg, CP/AP/Kevork Djansezian,
CP/AP/Joe Marquette
Pages 36, 37, 38, 41, 42, 43, 44, 45, 46 : CP/AP/Laura Rauch, CP/Paul Chiasson,
CP, CP/Paul Chiasson, CP/Ryan Remiorz, CP/AP/Kevork Djansezian, CP/Paul Chiasson,
CP/Kevin Frayer, CP/Jonathan Hayward

L'auteure désire remercier Alison Jackson qui l'a aidée à pénétrer l'œuvre
de son mari, Tom Jackson.

Catalogage avant publication de la Bibliothèque nationale du Canada

Trottier, Maxine
Vedettes de chez nous / Maxine Trottier ; texte français de Claude Cossette.

(Biographies)
Traduction de: Canadian stars.
Pour les jeunes de 7 à 10 ans.
ISBN 0-439-96973-5

1. Artistes du spectacle—Canada—Biographies—Ouvrages pour la jeunesse.
2. Canada—Biographies—Ouvrages pour la jeunesse.
I. Titre. II. Collection: Biographies (Markham, Ont.)

PN2307.T7614 2004   j791'.092'271   C2003-905573-6

Édition publiée par les Éditions Scholastic, 175 Hillmount Road,
Markham (Ontario) L6C 1Z7 CANADA.

6 5 4 3 2 1   Imprimé au Canada   04 05 06 07 08

Biographies

Vedettes de chez nous

Maxine Trottier

Texte français de
Claude Cossette

Éditions Scholastic

Shania Twain salue la foule, après avoir interprété sa chanson à succès *UP!*,
à la cérémonie des prix Juno à Ottawa, en 2003.

Shania Twain

En ojibwa, Shania signifie « Je suis mon chemin ». C'est le 28 août 1965 qu'une petite fille du nom de Eilleen Edwards naît à Windsor, en Ontario, et c'est là que son chemin commence. Ses parents se séparent lorsqu'elle est âgée de deux ans. Eilleen déménage donc dans la ville minière de Timmins, en Ontario, avec sa sœur aînée Jill et sa mère Sharon. Trois ans plus tard, sa mère épouse Jerry Twain, un bûcheron ojibwa. Il adopte les enfants, et le nom de famille d'Eilleen devient Twain.

Eilleen a toujours aimé la musique. Elle apprend tôt à jouer de la guitare et adore s'exercer seule dans sa chambre, où elle chante et compose des chansons.

Comme sa famille a besoin d'argent, ses parents commencent à l'emmener à des spectacles locaux d'artistes amateurs, ainsi qu'à des stations de radio et de télévision de la région. Eilleen est encore trop jeune pour avoir le droit d'entrer dans des bars; alors, ses parents la réveillent et l'emmènent chanter pour les clients juste avant la fermeture, quand on ne vend plus d'alcool. « Ma mère ne vivait que pour ma carrière, se souvient-elle. Nous étions extrêmement pauvres... Elle savait que j'étais douée et elle vivait avec l'espoir que mon talent me donne la chance de faire quelque chose de spécial. »

Pendant ses études secondaires, Eilleen travaille dans un restaurant McDonald et chante aussi avec un groupe rock appelé Longshot. L'été, elle travaille dans la forêt avec son père et une équipe de reboisement, où elle manie la hache et la scie à chaîne. Après avoir terminé ses études à la Timmins High and Vocational School, elle s'installe à Toronto pour travailler comme secrétaire. Mais elle n'abandonne pas la musique pour autant, et passe d'un groupe à un autre. Elle travaille très fort en espérant que la chance viendra quand, un jour, elle reçoit un appel de sa sœur aînée. Ses parents ont été tués quand leur voiture est entrée en collision avec un grumier, un camion qui transporte des billots.

Eilleen Twain (rangée du milieu, deuxième à partir de la gauche)
dans le spectacle musical du centre de villégiature Deerhurst,
à Huntsville (Ontario)

Comme sa sœur est mariée, Eilleen, qui a alors 21 ans, prend la responsabilité d'élever ses deux frères, Mark et Darryl, et sœur, Carrie-Ann. Elle trouve un travail comme chanteuse de revue musicale, au centre de villégiature Deerhurst, près de Huntsville, en Ontario. Elle achète une camionnette, loue une maison sans eau courante et y installe sa famille.

Lorsque ses frères et sa sœur parviennent à l'âge adulte et quittent la maison familiale, Eilleen peut de nouveau se concentrer sur son but, celui de faire carrière en musique. Elle produit une bande de démonstration avec ses chansons et, en 1991, signe un contrat avec Mercury Nashville, qui lui accorde une

Shania en répétition pour les Canadian Country Music Awards, à Calgary, en 1996

avance de 20 000 $. La compagnie de disques veut qu'elle change son nom : elle peut garder Eilleen, mais on lui demande de remplacer Twain. Elle décide plutôt de conserver son nom de famille et d'adopter le nom de théâtre Shania. *Shania Twain* devient le nom de son premier album. Elle a commencé à suivre son chemin, mais n'est pas encore dans la voie rapide.

Puis son agent reçoit un appel téléphonique d'un admirateur en Angleterre, un producteur de rock du nom de Robert John « Mutt » Lange, l'un des plus grands producteurs au monde. Grand amateur de musique country, il a visionné un des vidéoclips de Shania et a été impressionné tant par sa voix que par ses compositions. Ils commencent à écrire des chansons ensemble, au téléphone. En 1993, ils se rencontrent à Nashville, tombent en amour et, en décembre de la même année, se marient à Huntsville.

Maintenant, Shania suit son chemin à une bonne allure. Avec l'aide de son mari, son deuxième album connaît un énorme succès et fait d'elle une grande vedette. Elle a composé la plupart des chansons de l'album, qui sont entraînantes et pleines d'assurance.

Lors d'une conférence de presse à Ottawa, Shania parle du gala des prix Juno 2003, dont elle sera l'animatrice.

Le Centre Shania Twain à Timmins, en Ontario

Son troisième album, *Come on Over*, n'est pas seulement l'album le plus vendu par une artiste féminine dans toute l'histoire de la musique, mais c'est aussi l'album country le plus vendu de tous les temps.

Le mélange de musique pop et country de Shania l'amène partout dans le monde. Elle a chanté pour des millions de personnes, vendu des millions d'albums et remporté des prix Grammy et Juno. Et ce n'est pas fini! Une végétarienne qui raffole des bâtonnets de fromage, Shania habite maintenant un château de 100 pièces à La Tour-de-Peilz, en Suisse, avec son mari et leur fils Eja. Elle fait de la randonnée et de l'équitation avec son mari. Souvent, elle emporte sa guitare dans la cave à vin de sa maison, pour y composer des chansons, seulement pour elle et sa famille.

Mais elle n'a pas oublié le Canada. En mai 2000, Shania a mis sur pied un fonds à son ancienne école secondaire, qui permet d'offrir, chaque année, des bourses à deux finissants, une fille et un garçon. Le Canada ne l'a pas oubliée, non plus. Sa ville natale de Timmins est fière de posséder le Centre Shania Twain, où des concerts sont donnés et où les visiteurs peuvent voir les lettres, les costumes et les prix dont Shania a fait don au centre.

Elle demeure une vedette occupée, mais elle a toujours du temps à consacrer à sa famille et à la composition de nouvelles chansons. « Composer, c'est comme colorier, a dit Shania, un jour. Les enfants aiment colorier. Ils n'ont pas besoin d'avoir une raison pour le faire – ils aiment ça, c'est tout. Ils laissent leur

Shania joue au basketball,
dans le cadre d'un programme de bienfaisance visant
à combattre la faim chez les enfants (Chicago, 2003).

créativité s'exprimer. La composition, c'est comme ça pour moi. C'est une chance de créer sans inhibitions. »

Shania Twain continue à suivre son chemin en créant la musique qu'elle aime.

Shania pose avec son étoile dans l'Allée des célébrités canadiennes, à Toronto (2003).

Tom Jackson dans le film *Distant Drumming*

Tom Jackson

La réserve One Arrow est un endroit paisible, situé à 100 kilomètres au nord-est de Saskatoon, en Saskatchewan. On y trouve un magasin général, une station-service, une caserne de pompiers et d'autres bâtiments qu'on trouve dans toute petite collectivité. C'est là que vivent environ 250 Cris de la Première nation One Arrow. C'est là aussi que Tom Jackson est né le 27 octobre 1948.

Tom a 14 ans quand il déménage à Winnipeg, avec ses parents, Marshall et Rose, et sa sœur, Marlene. Désirant faire son propre chemin, il quitte l'école et la maison, pour aller vivre dans les rues de Winnipeg. Mais Tom sait surmonter les pires difficultés. « Mon histoire a un passé fascinant et rempli de chaleur, dit-il en parlant de cette période de sa vie. Quand je vivais dans la rue, j'avais beaucoup d'amis et je connaissais plein de gens merveilleux. Ça peut sembler étrange quand on n'y est pas habitué, mais ceux qui n'ont presque rien ont beaucoup à nous apprendre. Souvent, l'élève devient le professeur. Moi, j'étais un excellent élève. »

Puis Tom découvre la radiodiffusion, un monde où la voix a une plus grande importance que la couleur de la peau. Mais il ne choisit pas une carrière en particulier; il opte pour un mélange des arts. Il joue dans de nombreux films, comme *Grizzly Falls*. Son travail l'amène aussi à la télévision, où il interprète le chef Peter Kenidi, dans une série populaire intitulée *North of 60*. Mais la musique demeure très importante pour lui, et il ne tarde pas à s'en servir pour aider les plus démunis.

Un proverbe cri dit qu'on ne peut pas manger l'argent. Tom conçoit un moyen de recueillir des fonds, qui serviront à acheter de la nourriture pour ceux qui ont faim. Il crée le *Huron Carole Concert*, un spectacle dont les profits iront à une banque alimentaire de la ville où il est présenté. Le spectacle a lieu pour la première fois à Toronto, en 1987. Il ne

Tom Jackson lors d'un spectacle, dans le cadre
du *Huron Carole Benefit Concert Series*, à Calgary (2002)

rapporte pas d'argent, mais il attire quand même
l'attention des médias. L'année suivante, le spectacle a
lieu à Winnipeg, et Tom produit un album pour
l'accompagner. Depuis, l'événement s'est transformé
en une série de spectacles, le *Huron Carole Benefit
Concert Series*, présentés de Victoria, en Colombie-
Britannique, à St. John's, à Terre-Neuve, et mettant en
vedette une grande variété d'artistes.

Tom voulait faire prendre conscience des
problèmes de la faim et de l'itinérance, et il a réussi.
La série de spectacles a permis d'amasser des millions
de dollars pour combattre la faim.

Une affiche pour la tournée *Dreamcatcher*
2003, un programme d'un concert
de *Huron Carole* présenté en 2002
et deux pochettes de CD

Un soir en rentrant chez lui à Toronto, Tom
aperçoit un homme couché sur le trottoir. Il est
évident que l'homme ne va pas bien, mais pas une
seule personne n'offre de l'aider. Les gens le
contournent tout simplement et font comme s'il
n'était pas là. Tom, qui ne peut pas croire que les gens
puissent être aussi indifférents, s'arrête, lui. C'est un
autre pas dans la voie qu'il a adoptée, celle d'aider les
autres, une voie qu'il suit encore aujourd'hui.

« Quand on vise tous le même but, on peut lutter contre cette maladie silencieuse qui n'a aucun préjugé, a-t-il dit. Ni la religion que tu pratiques ni ta couleur n'ont d'importance quand il s'agit de la faim. C'est une maladie, ça, c'est certain, et elle touche tout le monde. »

Aujourd'hui, Tom et sa femme Alison habitent à Calgary, où se trouve Tomali Pictures, la société de production qu'ils ont lancée. Aider les autres demeure une priorité pour Tom. Il a mis sur pied la tournée *Dreamcatcher*, dans le but de sensibiliser la population au suicide chez les adolescents. Quand le monde entier a été paralysé le 11 septembre 2001, Tom et ses amis du Canadian Country Music Association ont réagi. Le lendemain, ils ont donné un spectacle et

Tom Jackson sur le plateau de la série télévisée pour enfants,
The Longhouse Tales (2000)

Séance d'enregistrement à Calgary, en Alberta (1998)

amassé plus de 65 000 $ pour le fonds international de secours de la Croix-Rouge.

Le Canada a reconnu les talents de musicien et d'acteur de Tom Jackson. En effet, il a été mis en nomination pour les prix Juno et Gemini. Mais on a aussi rendu hommage à sa générosité. En 1996, il a reçu le Prix national d'excellence décerné aux Autochtones. Il a aussi été nommé Officier de l'Ordre du Canada en 2000. Il a reçu six diplômes honorifiques décernés par des universités canadiennes et, en 2002, il a été décoré de la Médaille du jubilé de la reine Elizabeth II.

Tom a dit, un jour, que c'est le fait de donner qui est un cadeau. Il met lui-même ces mots en pratique en continuant de donner à autrui, par l'intermédiaire de son travail.

En 2000, Tom Jackson a reçu le titre d'Officier de l'Ordre du Canada de la gouverneure générale Adrienne Clarkson, à Rideau Hall, à Ottawa.

Mike Myers et sa femme arrivent au gala des Oscars,
à Los Angeles, en Californie (2001).

Mike Myers

Le 25 mai 1963, un garçon nommé Mike Myers naît à Scarborough, en Ontario. Il grandit dans cette banlieue, avec ses frères Paul et Peter, ainsi que ses parents Eric et Alice. Mike a une tête parfaite pour la télévision. Dès l'âge de huit ans, il apparaît dans des messages publicitaires pour des produits comme Pepsi et les tablettes de chocolat Kit Kat. Dans une publicité qu'il tourne pour BC Hydro, la comédienne qui joue sa mère est Gilda Radner, une future vedette de *Saturday Night Live*. Même si Mike s'est juré qu'un jour, il jouerait dans *SNL* aux côtés de Gilda, le sort en décide autrement. Gilda meurt du cancer l'année où Mike obtient un rôle dans la série.

Mike est très près de son père, qui partage son sens de l'humour. « Quand j'emmenais des amis à la maison pour jouer au hockey sur table dans le sous-sol, mon père les laissait entrer dans la maison seulement s'il les trouvait drôles. »

Mike fréquente l'école secondaire Stephen Leacock à Scarborough. Il est bon élève, mais est plutôt porté vers le divertissement. Il prend donc des cours de danse et se met à créer une série de personnages drôles. L'un d'eux, Wayne Campbell, fait beaucoup rire les filles, lors des danses. Plus tard, ce personnage va lui apporter un immense succès.

Avant de terminer ses études secondaires, Mike s'inscrit à l'université York, de Toronto. Mais le

dernier jour de ses examens, il apprend une nouvelle incroyable : il a réussi à trouver du travail avec la troupe humoristique The Second City. C'est là que Mike recevra une de ses meilleures formations de comédien.

Par la suite, Mike se rend en Angleterre, et commence

Mike joue dans la troupe
The Second City à Toronto.

Le monde de Mike quand il était enfant se trouvait à la jonction
des avenues Sheppard et Pharmacy, à Scarborough (Ontario).

à faire des numéros dans des pubs et à jouer de petits rôles au grand écran. Il participe à une émission matinale pour enfants intitulée *Wide Awake Club*. L'émission est animée par un homme appelé Timmy Mallet, qui porte de gigantesques lunettes et frappe les enfants avec un énorme maillet quand ils ne répondent pas assez vite à ses questions.

En 1986, Mike est de retour au sein de la troupe The Second City, à Toronto. C'est une période difficile pour lui, car son père souffre de la maladie d'Alzheimer et n'est pas conscient du succès grandissant que connaît son fils. En 1988, alors que

Mike participe au spectacle du 15ᵉ anniversaire de la troupe, le producteur de la série américaine *Saturday Night Live* le voit. Mike se joint à l'équipe de la série en 1989 et, au cours des six années suivantes, sa

Mike prend une pose à la Dᵣ Denfer (1999) et reçoit une étoile sur l'Allée des célébrités d'Hollywood (2002).

popularité continue de croître. Il s'associe à un autre humoriste, Dana Carvey, et ressuscite Wayne Campbell, le personnage qu'il avait créé à l'école.

Mike est embauché pour écrire le scénario du film *Le Monde selon Wayne*, dans lequel il joue le rôle principal. Le film connaît un énorme succès aux États-

Unis, où il se classe au sixième rang parmi les films ayant réalisé les meilleures recettes en 1992. Malheureusement, le père de Mike meurt quelques jours avant la première du film, en 1991. Plus tard, Mike baptisera sa société de production Eric's Boy (le garçon d'Eric), à la mémoire de son père. Il a dit un jour : « Mon père m'a encouragé à ne pas avoir d'inhibitions et m'a permis d'être l'architecte de mon propre embarras. »

Un jour, l'idée d'un nouveau personnage lui vient à l'esprit pendant qu'il regarde un film de la Panthère rose. Il imagine un homme, qui est un photographe de mode branché le jour et un espion la nuit. Ce personnage devient Austin Powers, congelé dans les années soixante, puis décongelé dans les années quatre-vingt-dix pour combattre le Dr Denfer. Mike dira : « Austin Powers est né quand j'essayais de célébrer la vie de mon père. »

Austin Powers: International Man of Mystery n'a pas généré de grosses recettes au guichet. Cependant, il a connu un immense succès lors de sa sortie en vidéo et a fait de Mike un millionnaire.

Même s'il lui arrive de jouer des rôles sérieux, Mike continue à faire de la comédie. On le voit régulièrement en caleçon dans ses films; c'est une de ses marques de commerce. Il a prêté sa voix à Shrek (*Shrek* et *Shrek 2*), et incarne le chat dans la version cinématographique de *Le Chat dans le chapeau*.

Aujourd'hui, Mike vit à Los Angeles avec sa femme Robin, qu'il a rencontrée lors d'une partie de hockey où elle a été frappée par une rondelle. Ils ont trois chiens qui portent chacun le nom d'un joueur de hockey. Mike demeure un partisan des Maple Leafs de Toronto. Le personnage Mini-Moi porte même un chandail des Leafs dans un des films d'Austin Powers.

Mike a touché à de nombreux aspects de l'industrie du spectacle : il a été réalisateur, acteur, producteur, comique, scénariste et musicien. Il a remporté un prix Emmy, a reçu un MTV Movie Award et en a partagé un deuxième avec Dana Carvey. Il a dit, un jour : « Je me dis toujours qu'à un moment donné, la police des sans talent va venir m'arrêter. » Le Canada n'est pas d'accord. Il y a maintenant une rue à Scarborough qui porte son nom : Mike Myers Drive. Et, depuis le 25 juin 2003, il a sa propre étoile dans l'Allée des célébrités canadiennes, à Toronto.

Comme dirait Austin Powers : « Ouais! »

Un fervent admirateur des Leafs pour l'éternité

Michael J. Fox, en compagnie de son fils Sam, sur l'Allée des célébrités à Hollywood, en 2002, où il a reçu une étoile

Michael J. Fox

Michael Fox est né à Edmonton, en Alberta, le 9 juin 1961. Il est le troisième d'une famille de quatre enfants. Comme M. Fox est dans les Forces armées canadiennes, la famille déménage plusieurs fois, d'une base à l'autre. Quand Michael atteint l'âge de onze ans, ses parents, Bill et Phyllis, s'établissent à Burnaby, en Colombie-Britannique.

Michael aime le hockey, le dessin et la musique. À l'âge de 14 ans, il forme un groupe rock avec quelques amis. La formation s'appelle Halex, du nom d'une marque de balle de tennis de table. Il joue de la guitare au sein du groupe, lors de soirées dansantes à l'école secondaire et à la base de la marine militaire.

Michael à l'âge de 24 ans (1985)

C'est son professeur de théâtre, Ross Jones, qui remarque son talent d'acteur. M. Jones suggère à Michael d'essayer d'obtenir un rôle dans une émission télévisée locale, qui s'intitule *Leo and Me*. Âgé de 16 ans, Michael auditionne pour le rôle d'un garçon de 10 ans, mais il est choisi quand même parce qu'il a l'air très jeune. Il attrape la piqûre du théâtre. Il commence à travailler avec des troupes de théâtre locales, et joue même dans un film américain qui est tourné à Vancouver.

À l'âge de 18 ans, alors qu'il est sur le point de terminer ses études secondaires, Michael décide d'aller en Californie. Son père l'emmène en voiture jusqu'à Los Angeles et lui donne un peu d'argent pour l'aider dans ses débuts. Michael trouve d'abord un agent. Ses parents l'ont laissé choisir son second prénom quand il avait deux ans et il avait alors opté pour Andrew. Mais maintenant qu'il est un acteur professionnel, il décide de le changer et choisit l'initiale « J ».

Au début, les choses vont bien pour lui. Il obtient de petits rôles dans des films et des séries télévisées. Puis les rôles cessent de se présenter. Comme il ne sait

Il participe à une partie de hockey, au profit de pompiers et de leurs familles (2000).

pas gérer son argent, il doit déménager dans un appartement situé au-dessus d'un garage et vendre ses meubles. Michael songe à abandonner sa carrière d'acteur et à retourner à Vancouver.

C'est alors que son agent l'appelle et lui suggère de passer une audition pour une nouvelle série télévisée intitulée *Family Ties*. « Je pense que j'ai eu le rôle parce que j'ai été plus détestable que tous les autres jeunes qui auditionnaient », se souvient-il. Le personnage d'Alex P. Keaton remporte un énorme succès. C'est là, sur le plateau, que Michael rencontre Tracy Pollan, actrice qu'il épousera plus tard.

Puis on offre à Michael un premier rôle dans un film. Il a déjà joué dans d'autres films, mais pas comme personnage principal. Quand *Retour vers le futur* sort en 1985, avec Michael dans le rôle de Marty McFly, le film génère les plus grosses recettes en salle.

Il retrouve Tracy pendant qu'il tourne un autre film. Ils se marient en 1988. Michael continue à jouer Alex dans *Family Ties* – la série dure sept ans et connaît un succès formidable – et à tourner des films. C'est durant le tournage de *Doc Hollywood* qu'il remarque un tremblement incontrôlable à son petit doigt gauche. Un an plus tard, il apprend qu'il est atteint de la maladie de Parkinson, une maladie qui cause des

Michael J. Fox, en compagnie de sa femme, Tracy Pollan (1999)

tremblements et qui attaque habituellement des personnes plus âgées. Michael en gardera le secret pendant plusieurs années.

À l'âge de 22 ans, Michael reçoit un diplôme honorifique de l'école secondaire Dewey de Brooklyn, à New York. En 1995, il trouve le temps et l'énergie pour étudier, et obtient un certificat d'équivalence d'études secondaires.

Il remporte un prix Emmy pour sa brillante interprétation
du personnage principal dans la série humoristique *Spin City* (2000).

Les films et les voyages l'éloignent de sa femme
et de ses enfants, ce qu'il n'aime pas. Ainsi, quand on
lui offre la chance de jouer dans une nouvelle série
télévisée et d'en être le coproducteur, Michael accepte.
En 1998, au cours de sa deuxième année dans la série
télévisée *Spin City*, il se prépare à subir une opération
au cerveau pour diminuer l'intensité des
tremblements. Il décide alors de parler publiquement
de sa maladie. En 2000, Michael abandonne la série.
Ce n'est pas qu'il veut mettre fin à sa carrière d'acteur,
mais il veut aider les chercheurs à trouver un remède
contre la maladie de Parkinson. Cette année-là, il met
sur pied une fondation, The Michael J. Fox
Foundation for Parkinson's Research.

Son livre, *La Chance de ma vie : autobiographie*, est publié en 2002. Tout l'argent qu'il en tire est versé à la fondation. Michael a remporté de nombreux prix, dont le Golden Globe, des Emmy, ainsi que des prix décernés par la guilde des acteurs de cinéma. Maintenant, il utilise son talent et sa détermination pour lutter contre la maladie de Parkinson. « Je fais bien attention de ne jamais confondre excellence et perfection. Je peux chercher à atteindre l'excellence, mais la perfection, c'est l'affaire de Dieu. »

Sur le point de témoigner au sujet
de la maladie de Parkinson, à Washington, DC (1999)

Céline Dion, en spectacle à Las Vegas (1999)

Céline Dion

Dès sa naissance le 30 mars 1968, à Charlemagne, au Québec, Céline Dion, la plus jeune des enfants, est déjà une étoile aux yeux de sa famille. Elle est adorée par ses parents Adhémar et Thérèse. De plus, comme elle est entourée de treize frères et sœurs, il y a toujours quelqu'un pour la prendre dans ses bras, la câliner et la surveiller.

Mais des accidents peuvent arriver. Un jour que Céline, âgée de deux ans, joue dans le carré de sable, elle aperçoit une femme qui passe avec un landau. Pensant qu'il s'agit de sa sœur aînée avec son nouveau bébé, Céline se précipite dans la rue. Ses frères entendent le crissement de pneus et accourent. Céline est étendue sous une voiture. Elle est emmenée d'urgence à l'hôpital, où on annonce à la famille qu'elle a une fracture du crâne. Heureusement, c'est une petite fille en bonne santé, et la blessure guérit complètement.

Quand Céline était bébé, on ne permettait pas à ses frères et sœurs de chanter certaines notes parce que ça la faisait pleurer. Mais la musique joue quand

À l'âge de 15 ans, Céline remporte quatre Félix à Montréal, Québec (1983).

même un grand rôle dans sa vie. On chante toujours chez elle, sa mère joue du violon et, à une certaine époque, la famille se produit en spectacle. Plus tard, Céline montera sur la table de la cuisine après le souper, un micro imaginaire à la main, et chantera pendant que les autres nettoient.

Elle ne chante jamais à l'extérieur de la maison. C'est au mariage de son frère Michel que Céline, alors âgée de cinq ans, fait sa première apparition en public. Même si elle a beaucoup répété la veille avec sa mère, elle est nerveuse. Mais une fois qu'elle commence à chanter, le trac disparaît et elle sait ce qu'elle veut faire de sa vie. « J'ai toujours espéré et désiré que tout serait merveilleux dans la vie, et particulièrement dans le monde du spectacle, et c'est exactement comme je l'avais imaginé. »

Quand elle a l'âge d'aller à l'école, Céline n'aime pas vraiment la maternelle. Puisqu'elle a toujours été entourée d'adultes, les enfants de son âge sont une expérience nouvelle pour elle. En première année, c'est encore plus difficile quand sa mère commence à travailler à l'extérieur de la maison. Céline doit dîner chez sa sœur aînée, qui habite près de l'école. Elle doit aussi dormir là, les jeudis et vendredis, quand sa mère travaille tard.

À l'été de ses neuf ans, son père achète un bar-restaurant appelé Le Vieux Baril. Les Dion se produisent en spectacle dans le restaurant, et c'est là que Céline chante pour la première fois devant un vrai public. Quand le restaurant est détruit par un incendie, c'est très difficile pour elle.

Céline est âgée de douze ans quand un producteur de disques appelé René Angélil entend une de ses bandes de démonstration. Il dit à la mère de Céline : « Si vous me faites confiance, je vous garantis que, dans cinq ans, votre fille sera une grande vedette au Québec et en France. » René se met au travail pour tenir sa promesse.

Céline n'a encore jamais enregistré de disque, ni paru à la télévision. À partir de l'été 1981, René Angélil est son agent. Elle paraît à la télévision, puis à l'automne, elle grave son premier album. L'année suivante, elle est acclamée pour la première fois au niveau international, avec une chanson intitulée *Tellement j'ai d'amour pour toi*. Céline devient une vedette, non seulement au Québec, mais aussi en France et en Suisse. Elle doit alors prendre une décision difficile. Il est impossible pour elle de fréquenter l'école régulièrement tout en voyageant et en donnant des spectacles. Comme elle sait qu'elle

Céline à l'âge de 24 ans,
au cours d'une entrevue (1992)

veut faire carrière dans le monde de la musique, Céline laisse l'école à l'âge de 14 ans. C'est un choix qu'elle n'a jamais regretté.

Céline a été élevée dans une famille francophone au sein d'une ville francophone. Mais elle apprend l'anglais et, maintenant, elle s'exprime bien dans cette langue. Elle signe un contrat avec Sony Records, et son premier album en anglais, *Unison*, paraît en 1990. Ce premier disque remporte deux prix Juno. Quand elle enregistre *Beauty and the Beast* pour le film

Céline Dion épouse René Angélil le 17 décembre 1994.

d'animation de Disney du même nom, le public américain découvre sa voix. La chanson gagne un Oscar dans la catégorie « chanson de l'année ».

En 1994, Céline Dion et René Angélil se marient, à Montréal, lors d'une cérémonie digne d'un conte de fée. Céline continue à chanter et à enregistrer des disques. *My Heart Will Go On*, une chanson de son album *Let's Talk About Love*, est le point fort du film *Le Titanic*. Les ventes de son album et de l'album de la bande originale du film s'élèvent à 27 millions d'exemplaires, et la chanson remporte deux Grammy.

Céline reçoit un prix Grammy, dans la catégorie « disque de l'année »,
pour *My Heart Will Go On* (1999).

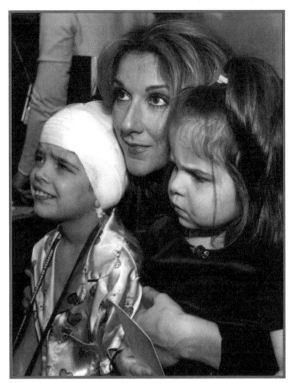

En 2002, Céline et son mari s'engagent pour une période de cinq ans à être marraine et parrain d'une campagne de financement, à l'Hôpital Sainte-Justine pour enfants de Montréal.

Sa famille demeure très importante pour Céline. Elle n'avait que neuf ans quand elle apprend que Karine, sa nièce âgée de deux mois, est atteinte de la maladie des poumons appelée fibrose kystique. Karine meurt à l'âge de 16 ans, dans les bras de Céline. Depuis 1993, Céline est la marraine nationale de la Fondation canadienne de la fibrose kystique. Elle a fait don des bénéfices de plusieurs de ses spectacles pour aider à trouver un remède contre la fibrose kystique ou une façon de contrôler la maladie.

Céline salue la foule, lors d'une séance d'autographes
à Toronto (2002).

Céline et René, qui ont maintenant un fils,
possèdent des résidences à Montréal, à Las Vegas et en
Floride. Céline a reçu les titres d'Officier de l'Ordre
du Canada et de l'Ordre du Québec. Elle ne
consomme pas d'alcool, ne fume pas et s'efforce d'être
un modèle positif. Quand elle le peut, Céline n'hésite
pas à saluer personnellement ses admirateurs. « J'aime
toucher les gens et leur parler. » En fait, elle a touché
le monde entier… avec sa voix magnifique.

Céline Dion a reçu le titre d'Officier de l'Ordre du Canada en 1998.